AF238017

DESDE UNA REV OLUCIÓN MUERTA

La Fea Burguesía
—— POESÍA ——

Murcia
2026

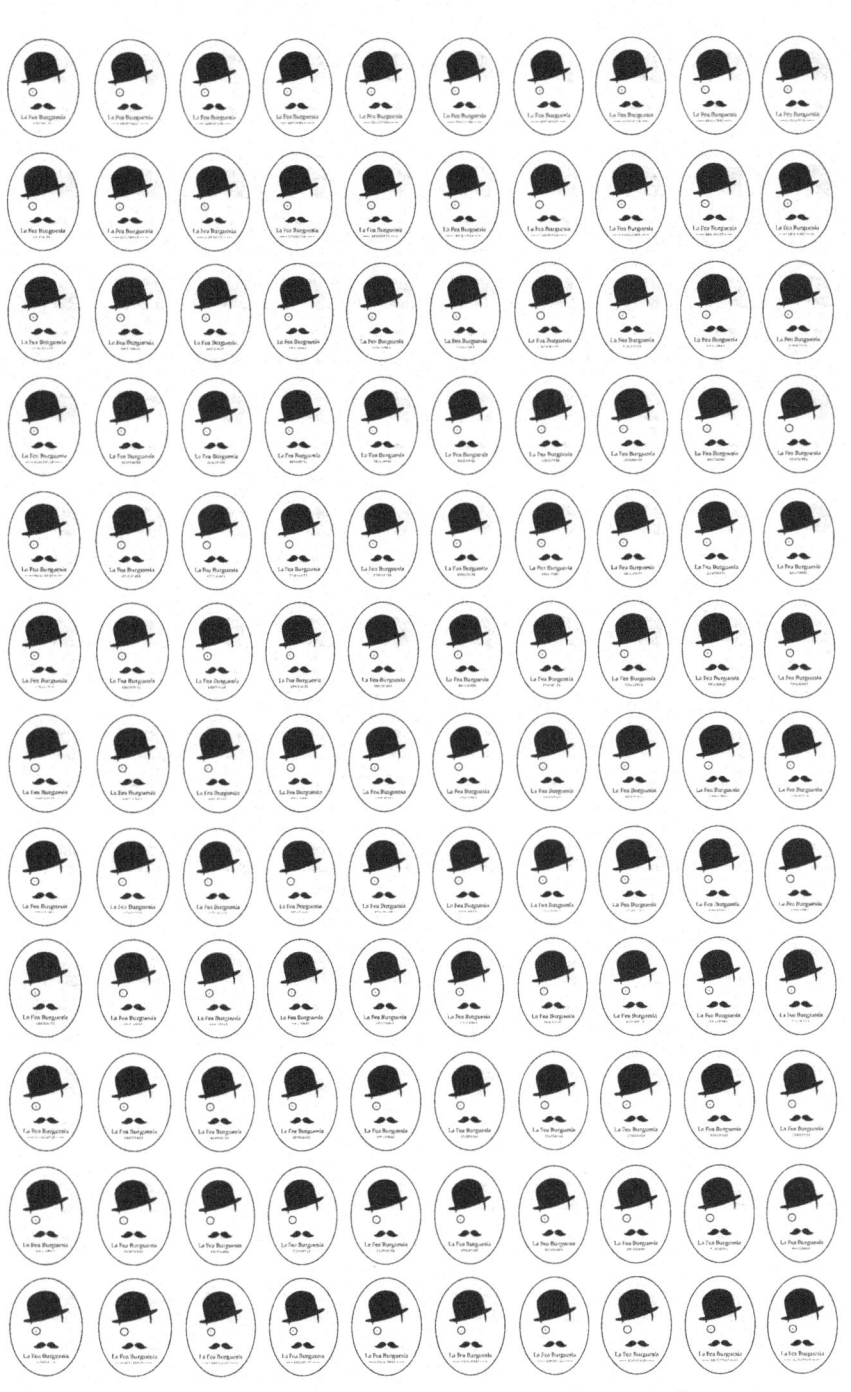

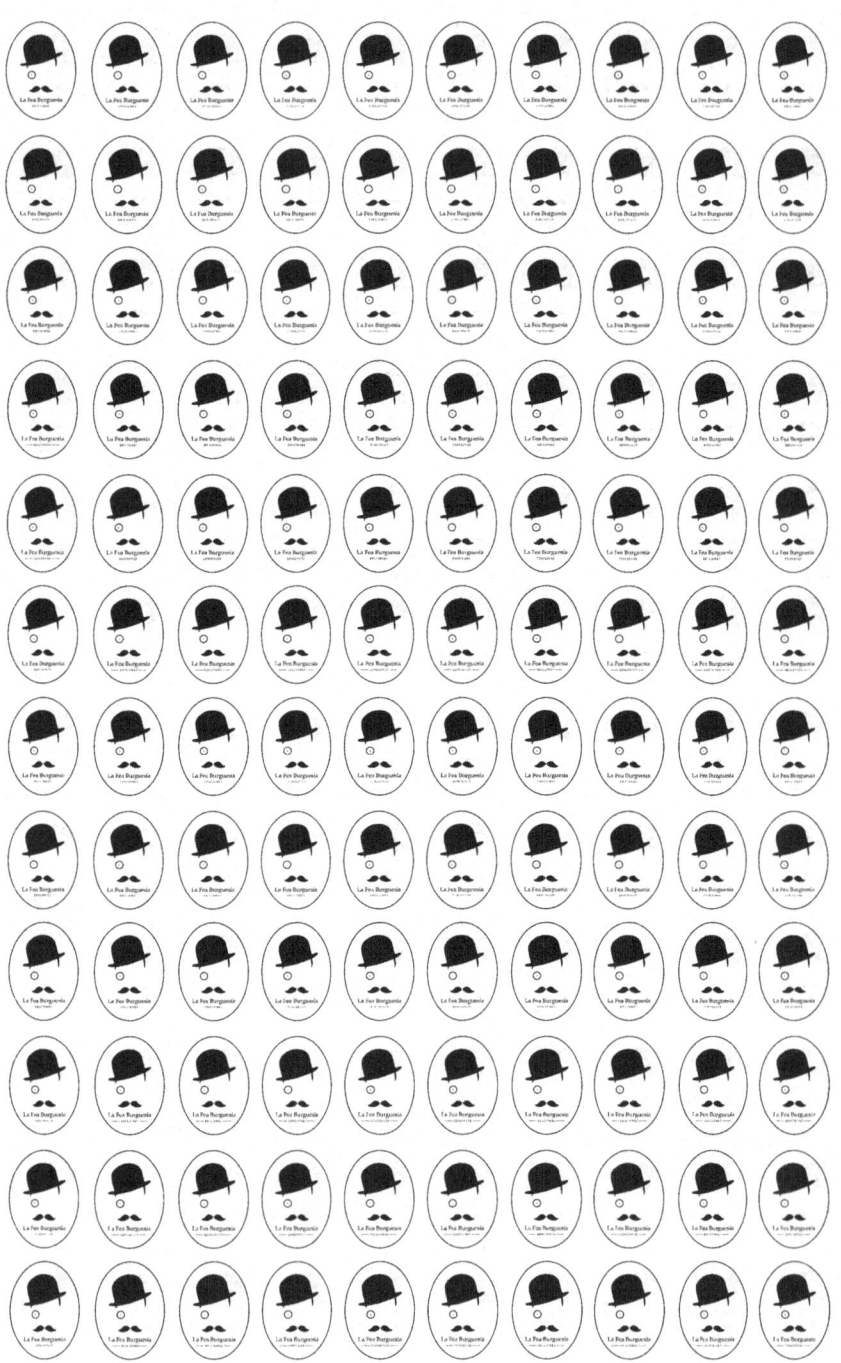

DESDE UNA REV OLUCIÓN MUERTA

PABLO BALLESTEROS

La editorial es consciente de la necesidad
de los recursos naturales para consumir cultura
y de la colaboración en la conservación del medio ambiente.
Así pues, por la impresión de este libro, ha plantado
una ciprés (*Cupressus*) en el paraje
de El Horno en Cieza (Murcia)

«Desde una revolución muerta»
© Pablo Ballesteros, 2026
© La Fea Burguesía Ediciones, 2026
Grupo Editorial Tres y Libros, SL
Murcia, España.
www.lafeaburguesia.es

Cubierta: Cristina Morano
Maquetación: Fernando Fernández Villa

Primera edición: enero de 2026
IBIC: DCF
ISBN: 979 13 990769 7 4
Depósito legal: MU 12-2026

Printed in Spain - Impreso en España

A mis padres, por todo. Por ser lo que queda
cuando mueren las revoluciones.

A los que están cerca, por darme un sitio al que volver.

A todo aquel que dedique un segundo de su vida a
intentar dejar algo mejor de lo que se lo encontró.

Al pueblo palestino, que vencerá.

A Daniel Buendía, del hueso, el tuétano.

A Álvaro Bellido, por Spam.
No podría haber escrito esto sin ese libro cerca.

A Rodrigo Cortés, por Los años extraordinarios.

A Albert Camus, por El extranjero.

A Zerocalcare, por Cortar por la línea de puntos.

NO ESTABA MUERTA

Una breve introducción a
Desde de una revolución muerta,
de Pablo Ballesteros
por José Daniel Espejo

Una vez en un semáforo vi en el coche de al lado a una chica normal en un Toyota Yaris gris metalizado. Una chica normal, de clase trabajadora normal, en un coche normal con un corte de pelo y una ropa y un horario y una precariedad totalmente normales. Pero gritando. Gritando y llorando. Una canción de (creo) Leyva. Era martes por la mañana y avanzábamos lentamente en dirección al centro comercial Nueva Condomina y dadas las horas hay una probabilidad alta de que ella trabaje allí, en alguna de las franquicias.

No voy a comparar a Pablo Ballesteros con Leyva, un cantautor a quien nunca he prestado demasiada atención. Pero sí voy a comparar a Pablo Ballesteros con la electricidad que recorría las venas de la chica del Yaris al principio de un ya lejano martes laboral. Porque me voy a preguntar, como él, por la necesidad colectiva de la poesía, esa revolución muerta que solo pervive en sus propios surcos.

Por Lorca, Robe, Maradona, Sabina, Dražen Petrović, Alejandra Pizarnik. Sacerdotes de un culto que parece diluirse en una marea contemporánea de memes. Santos que yo te pinté. Canciones preirónicas. Tatuajes.

Leo Surcos de una revolución muerta como miré a la chica del Yaris y me pregunto si al fondo de esa extraña fascinación no habrá un poso de envidia. Ben Lerner, en El odio a la poesía (2016), describe la desconfianza del presente hacia el viejo arte de Homero, que promete lo sublime pero no cumple. Entiendo -respiro- esa insatisfacción. Procuro detenerme justo a tiempo para no caer en otro signo de los tiempos: la nostalgia. De cuando la poesía era sublime de verdad. Y América grande. Me digo, con Lerner, que la poesía siempre ha jugado más en el campo de lo extraño que en el de lo sublime. Que no hay una época dorada en la que la poesía, como los tomates, tenía sabor. Pero todo eso cuéntaselo tú a la chica del Yaris. O a Pablo Ballesteros, nuestro héroe de hoy.

Tal vez haya un camino hacia el otro lado de la ironía. Tal vez los poetas podamos volver a decir yo algún día. O tú. O, no sé, lucha de clases. En un poema, no en un meme. En un lenguaje nuevo y analógico y vivo y violento y erótico. En "Fin del mundo del fin" (en Historias de Cronopios y de Famas, 1962), Cortázar imagina un planeta en que todo el mundo escribía y publicaba continuamente y las ediciones de gran tirada inundaban las calles y las ciudades y los campos y los países y entonces los gobiernos deciden, para hacer hueco, verter el papel al mar con lo que también los océanos se llenan de papel y la humanidad colapsa por el gran exceso inaguantable de literatura. Es en ese momento en el que los pocos supervivientes, a bordo de barcos varados en pasta de papel, empiezan a mandarse mensajitos entre sí.

Mucho se habla de que fue Borges, en El libro de arena (1975), quien primero imaginó Internet. Para mí fue Cortázar, con esta pesadilla perfecta en que las palabras sin significado ponen en jaque al género humano. Para mí es Pablo Ballesteros, con estos surcos en dirección al otro lado, quien desempeña el papel de telégrafo entre barco y barco.

Me callo ya. Leedlo ahora. Y ya quedamos un día y decidimos si la revolución está o no está tan muerta..

Descuartizando la razón la obligaré a que encaje.
Carmen Boza

Yo muchas veces me he perdido
para buscar la quemadura que mantiene despiertas las cosas
y sólo he encontrado marineros echados sobre barandillas
y pequeñas criaturas del cielo enterradas bajo la nieve.
Federico García Lorca

Y a mí, ya que prefiero escoger mis derrotas,
quiero que me recuerdes derrotado,
como quien algo espera
más allá de los tiempos y los hechos.
Luis García Montero

DESDE UNA REV OLUCIÓN MUERTA

Que no lo entendían, me dijo. Que lo sabía, contesté.
Vino a verme una mañana de abril, lo reconocí
enseguida aunque no lo había visto nunca.
Sentí familiar su cadencia al terminar las frases, lo
mucho que le costaba coger aire y cómo apresaba
detrás de los dientes las palabras que no quería decir,
apretando fuerte la mandíbula.
Que mira que destrozo me han hecho aquí, me dijo.
Que no había derecho, contesté.
Nunca había visto algo así, le faltaban trozos
mirase donde mirase, y si quedaba alguna zona
aparentemente completa, daba la sensación de estar
fuera de sitio.
Si tú pudieras, me dijo. Que qué más quisiera yo,
contesté.
Me pidió que hiciera un esfuerzo, que le mirase
mientras pudiera, que si ponía empeño podría verlo.
Que ya no iba a salir de allí, me dijo. Que se me
resbalaba entre los dedos, contesté.
De donde no quedaba apenas nada, rescaté algo muy
pequeño que prometía pesar mucho y acabó por no
pesar nada.
He sido yo, me dijo.
No supe contestar.
Lo guardé el resto de mi vida, convencido yo de no
tener nada y aquello de guardarlo todo dentro.
Que no la entendía, me dijo.
Que lo sabía, le contesté.

Sin ser, me vuelvo duro como una roca.
Robe Iniesta

Repaso cada libro que tengo en casa,
me entrego a letras de canciones
como mi abuela lo hacía a sus oraciones cuando no
podía hablar.
Me escondo en recuerdos inventados como este,
vienen a verme los ojos de Clara intentando entender
el techo que me guarda.

Leo sobre remedios naturales contra la inflamación
y añado un par más al desayuno –que mi cuerpo no
reaccione–.
Cargo en mi espalda en quince minutos lo que vale mi
sueldo de un año.
Nunca he tenido tantas ganas de llegar a casa para
poner una lavadora.

Hace demasiado tiempo que no pienso en la madera
de la que estoy hecho.
Intento ahora reconstruir un verso que olvidé con
trozos de otros que sí recuerdo
pero hay volando un grito que no es para mí,
porque todavía no han aprendido mi nombre.
Me repito: *sin ser, ni oír, ni dar.*

A José María Gutiérrez «Guti».

Ayer me corté el pelo y dije que ya no te quería
me he bebido el café de un trago
y no recuerdo lo que he pensado hace un minuto.

Embarro la simiente, los días pares, el entretiempo.
No busco, pero fijo la mirada como un conejo en los
faros de un coche
no renazco a rebufo de metáforas salvavidas.
Yo me lleno los pulmones con olor a gasolina
y eso os encanta.

Os oigo hablar del mundo como algo que conquistar
de los días como un obstáculo
de la fe como una presa ensartada ya en otro diente,
pero no buscáis otra cosa que la combustión
algo que os centellee en las pupilas
–que os diga que sí, cuando sea que no–.

Y yo, que no soy más que esto
–algo que llega cuando ya nadie lo espera,
de impresión genuina y deslumbre tardío–
yo os la doy
pero os pido, a cambio, que creáis un rato más en mí.

> Yo me equivoqué y pagué,
> pero la pelota no se mancha.
> *Diego Armando Maradona*

Heme aquí, todo carne
envuelto en un manto de fuego que está por ahogarse
desgarradoramente humano
forzando la balanza, cargando la suerte
empujando la línea al borde del desastre.
Peligrosamente cerca de la gloria.

Guardo una gota de este agua en la boca
resbala la herida por mi piel sucia,
por la piel del que vuelve.
Recuerdo ahora mi primera palabra.

Aquí me entrego,
reconozco como mía esta tierra que ahora piso
este arma que no me esfuerzo en esconder.

En vuestras manos está mi penitencia,
impasible ante este silencio protocolario
bailando para recibir las consecuencias.
De lo demás me ocuparé cuando vuelva a ver el sol.

Para mi padre y mi madre.
Para todo lo que han construido

Sigue por este camino.
Hunde el pie en el barro que en otoño será tierra fértil
tallada a golpe de mandíbula
a puñalada de cuchillo romo
por calores inmisericordes.

Sístole y diástole adormecidos ya
de dar vida –tanta vida–.
Acerca el oído
y dame estos segundos para poder ver a color
acariciar apenas la trascendencia
ser el hombre que ríe ante la presencia de lo inútil
arrancarme la piel de quien, de tan roto, ha perdido el
impulso por reconstruirse.

El ulular de la piedra contra el aire.
Lo que quisimos un día amenazando con brotar del
suelo.

Escribes poemas
porque necesitas
un lugar
en donde sea lo que no es.
Alejandra Pizarnik

Manda el enjambre que zumba detrás del oído
no queda pista por la que correr, ni otra voz que escuchar
sacrifico aquí las palabras que dije sin querer hacerlo
con la bala que guarda el último disparo de fe.
El rincón de la casa que siempre queda por limpiar.

No reconozco miradas que no nazcan esquivas,
con la sospecha a lo que responde sin haber sido preguntado
y encuentra salidas donde el resto solo ve muros.

Cualquiera que no esté en esta hora
en la que yo me arrastro y tú bailas
está fuera de tiempo.
Que no existe verso que no guarde detrás un nombre
que nada –salvo algunas cosas– están escritas:
el peso, la rima, la fórmula de la luz artificial que imita a la del sol.

Lo imparable partiendo peras con lo inamovible
a medio paso de las tardes muertas
y de la renuncia a encontrar respuestas
no habrá quien encuentre camino entre las mentiras que todavía
no he inventado
entre tanto zarzal y este cielo por despejar.

Parte de mí, quizá
lo que mata este sol tan nuestro.
Parte de tí, tal vez
este lodo que se seca.

Todo aquí dentro, ¿de qué?
Vas a salvarme, ¿de quién?
C. Tangana

Hay un libro que prometo leer cada día
una obra debajo de casa
un suelo que tiembla
−esto ha dejado de ser una metáfora−
un aire irrespirable.
Se está haciendo tarde.
Hablamos cuando estés mejor.

Sujétame un rato este sol, te dije, y ya jamás volví.
Kutxi Romero

Entre listados de sospechosos habituales e insurrectos confesos
habitamos la duda razonable
el peso de guardar en unos segundos media vida
y el vendaval de todo el aire del mundo empujado por tu abanico.

Nada fuera de aquí,
no respondo a otro olor que al que estoy aprendiendo a distinguir
entre la multitud.
No hay otra sed que se compare a la que ahora me parte en dos la
garganta.

Cuadrado ante la idea de un hogar en orden, espero
prometiendo sembrar de arbustos los caminos
preparando un incendio de postales que acabe con la escarcha
y una canción que silbar cuando acabe el verano.

A ella, que siempre encuentra al sol.
Chispa de revoluciones.

Cuando el tiempo sea suficiente
y la vida siga, siendo ya otra
voy a dejar de fingir levedad tras unos ojos cansados.
Haré recuento de lo que se quiera quedar
cambiaré de nombre para confundir al tiempo.
Que mientras no entienda la luz de refugios
ni la tela de libertad
no lo haré yo de sacrificios por amor al arte
de la lógica cruel de quien pone distancia entre el hambre
                                    [y las ganas de comer.]
Celo de las palabras que amenazan con romper el cristal
pero elijo consciente el trapecio al suelo firme
la puerta se rompió hace días.
Antes de que salte yo detrás, dime si en esta ganan los buenos
si hablas de mí cuando estás lejos
dónde tengo que ir a buscarte
cómo piensas hacerte un hueco en este sindiós.

> Porque tú crees que el tiempo cura y que las paredes tapan,
> y no es verdad, no es verdad.
> *Federico García Lorca*

A veces hablo en otro idioma
uno que no conozco y no he aprendido
–sé que tú también lo hacías–
lo escuché una vez cuando hablabas de guerras
dogmas de fe que rebotaban en una cámara de eco
escritos entre la etiqueta del champú.

Las olas también hablan este idioma, pero suena distinto
buscan rumores nacidos de su propia garganta
preguntan por qué ya no vienes a verlas
y cómo sigue quien murió de amores.

Ya casi nunca hablo mi idioma
solo encuentro palabras sordas
discursos vacíos sobre el hambre con la tripa llena
y de calma donde hace mella el arrastrar de las horas.

Ya casi nunca hablo,
escucho el barro secarse sobre mi piel.
Donde hubieron colmillos
apenas queda un amasijo de carne blanda
y yo, como ya apenas hablo,
no sé cómo pedirle que vuelva.

A Vlade Divac

Quisiera una voz fuerte
una cima menos alta y que las hojas volviesen a crujir
tras la nieve
las entrañas de un animal diferente donde acunar las
facturas del miedo.

Dime,
¿puedes ver el peso que carga quien no tiene nada por lo
que disculparse?
¿Dónde queda su redención?
¿Entre la bruma ligera de una casa a medias?
¿En el olor de plástico cosido?
¿A dos metros bajo el asfalto caliente?

Puede que fuese yo quien mantuvo un pie al lado del otro
el que no atendió la llamada
pero la navaja paseando por la barba del vecino
el cincel y el murmullo
las cartas que juraban amor a un dios menor
eso, fue todo tuyo.

A Dražen Petrović

Y ahora, que por fin vienes a verme entre luces blancas
y el rasguido que acompaña a quien arrastra los pies
buscando el tropiezo
rompe el luto, lo solemne del rostro, el carácter
procesionario.
Trae contigo un balde de agua
una silla y algo que te cubra los hombros.

Escribe en un papel lo que cuentan de mí
lo que soy en los ojos que ya no me lloran
cuánto tiempo habéis estudiado mi cara en las fotos
y quémalo.

Ven
dame un beso
y háblame
como si hoy siguiera siendo anteayer.

¿Quién roba, silva, reza, desayuna?
¿Quién planta girasoles en la luna?
¿Quién coño me ha robado el mes de abril?
Joaquín Sabina

Y eso fue lo que pasó,
se movió rápido en un mundo que se derretía lento
no tuvo tiempo de decir lo que quiso
ni de llegar donde se le necesitó.

Cada vez más dentro
un poco más lejos
dijo que no, siendo que sí
no imaginó nunca un mar tan gris.

Puso tierra sobre mármol.
Cambió de tren
se equivocó de país.

Para los ojos de Clara,
que escribieron esto con cuatro meses de vida

¿Y si este hambre que tengo no se acaba nunca?
¿Y si deja de cantar?
¿Y si, ahora que cierro los ojos, se fueran todos?
¿Y si me acerco un poco más?
¿Y si no me llamo así?

Abres exactamente igual que las últimas veces
con esas ínfulas a las que el mundo se rinde.
Presto atención a los detalles, fuerzo la reverencia.
Escucho tus bondades filtradas a través de otros ojos
me las creo, sé lo que guardas
un refugio, algo a lo que volver si te pierdes
todo de lo que uno aspira a sentirse parte.

Pero no funcionas.
Cambias de ritmo y pierdo la fé
–siempre en el mismo punto,
más temprano que tarde–
no me encuentro en las formas y me ahogo en lo anecdótico.
Ya no sé qué hago en esta persecución
puede que sea el precio a pagar
para descansar en un suelo de arena en los días fríos,
para poder besar la gloria y decirle que ya has llegado.
Pero es que no funcionas
y yo lo sé desde hace rato.

El problema debo ser yo.
Asumo la culpa
dejándote en el sitio que acordamos antes de empezar
y me quedo aquí,
sentado imaginando todo lo que no he visto
haciendo inventario de todo lo que tengo en el cuerpo
para ver qué es lo que falta, dónde está la avería
desarrollando una trama endeble

escenas pobres que no funcionan
moralejas torpes y muy previsibles
algún momento trascendental
que me coja de la mano y me abra lento los ojos.

Porque entonces si
si yo pudiera hacerlo
podría hablar como hablan todos de tí
sonreir ante lo sutil
y caer de rodillas ante el peso de la verdad
y bañarme con la luz,
sobre todo lo de la luz.

Quiero poder fingir que pienso en tí cada día
que te intuyo en los posos del café
y necesito explicar al mundo quién eres,
pero ya estoy dormido
y últimamente no descanso muy bien.

A veces
juego a ser Dios
y no existo
Daniel Buendía

Miraba al mar y este le devolvía un barullo que no había dios que comprendiera.

Una mezcla de palabras distorsionadas, golpes desacompasados y sonidos que, todos juntos, imaginaban rugidos de animales ya extintos.

Supo enseguida que todo el tiempo es tiempo perdido, que cada segundo guardaba el peso de ser eterno visto desde fuera e insignificante si se miraba de cerca.

Sabía, en realidad, muchas cosas, pero podía explicar muy pocas –y eso es casi igual que no saber nada–.

Incluso eso sabía, que lo que sí que pudiera explicar, no lo haría jamás.

Llevaba escrita en la piel una historia.

Me dijo que no significaba ya nada, que antes sí, pero ahora ya no. Desde el pecho hasta el nacimiento de la cadera, muy bien escrita, pero con una letra horrible.

Quien la leyó, encontró consuelo en tiempos aparentemente plenos y alivio profundo cuando las fuerzas se acabaron. La calma de quien encuentra algo que, después de tanto tiempo, no recordaba que lo estaba buscando.

Pero eso fue antes. Ahora, no era más que tinta verdosa sobre un cuerpo que parecía estrellado contra un suelo que no cedía lo más mínimo ante su peso.

Una historia que había dejado de ser, y todo el que le había entregado su ser, con ella.

A la memoria de Mateo Marín Escribano

No me debo a otro tiempo que al que renuncia a su memoria
que escupe sangre en las palabras
y avanza a tientas en un metro cuadrado
ni a otro paisaje que este
–este que ahora soy, que ahora habito–.
Jadea un perro que vendería su alma por un charco de agua
sucia y caliente
hay una casa acostumbrada a bullir que ahora descansa
y un pájaro que justo ahora empieza a cantar;
habla, si lo escuchas, de una libertad nueva
de las huellas que el sol marca en la piel
de pólvora y plástico
de carbón y romero
de la vida y de todas las formas que existen de decir adiós.

Tiene que morir, como muere todo
en poderoso caudal o siendo pasto de la fuerza de la abrasión
lejos del arrullo en invierno.
Valga este momento de pura calma como un preludio
un deseo tal vez de esta luz que apenas alumbra
del duermevela que asfixia las paredes.

No pretendo aliviar la carga
tampoco volveré a hablar desde dentro
que se ocupen los vientos de disipar el humo del juramento
incumplido
debo maldecir el pan con las lágrimas del que llora a la vista
del mundo.

Pequeño y dócil
apenas perceptible a la vista
pálido de repente
solemne sin llegar a lo fúnebre
ausente en fondo y forma.
Impaciente ante la llegada de lo inevitable.

Rozo la perfección en morirme un poco
en vivir para verlo, en renunciar sin titubeos a todo lo que fui.
Firme pese al descanso total de los músculos
guardo con celo la falta de pulso
la mirada vítrea del que vivirá perpetuamente
deslumbrado ante el abrigo de la luz.

No volveré a matarme un poco
ni a mentirte nunca.

Y aunque no quise el regreso (...)
Alfredo Le Pera

Cuentan las historias que no existe pan que no nazca bendito
que pierde el que quiere y se gana siempre.
Errante en las sombras
lamo las quemaduras de un astro que me resulta ajeno.
Impávido ante el adormilamiento perpetuo
abrazo el traqueteo residual de lo que se mantiene en guardia.
Te busco y te nombro.

Huele a bálsamo amargo el crepitar de las piedras contra el
zapato
en las casas que no conciben sus puertas cerradas
–de mesas grandes con sillas viejas–
los últimos gritos de una revolución
descansan en manos insensibles por el desgaste
que ya no saben medir su fuerza.
No contemplo un aire mejor que el que trae lo que se quiso
decir un día.

Sea, si tiene que ser
en una noche de invierno
en un camino que ya conozca.

A Laura Palmer

No estuve allí
escuchando crepitar el fuego bajo las plantas de los pies.
¿Fui yo quien trajo el mensaje de la ceniza?
La ronquera de la mentira suspendida en el aire
no dejará que veas
la cara de quien se encuentra ante un desorden inesperado.

Sobra toda esta luz que no entiendo
el vaivén de cortinas que se niegan a esconder nada
la palabra azul apoyada en el quicio de la puerta.

Parte, se fractura
donde había un poco, no cabe ya nada.
Apenas puedo distinguir el reclamo del aullido
el hambre, del dolor.

Si me ves bailar, no vengas
que no soy
no puedo, no tengo.
Ya no estoy.

No hay destino que no se venza con el desprecio
Albert Camus

Ser suficiente fue siempre un veneno.
Por eso os escribo desde aquí, en fecha ya caduca de
una revolución que nació muerta.
Sigo creyendo, creyendo en lo que se desgarra después
de un empuje fallido, en las vistas a un horizonte
eternamente inmovil, en lo que la piel supura.
No renuncio. No cedo. No asumo errores. No cargo
con culpas. Me voy.
Nunca quise doblegar a una realidad que no quiso ser.
Quise amansarla, postrarla para que lamiese las
heridas de los que vuelven sin quererlo.
Y aquí está.
Os la entrego para que volváis a hacerla vuestra.
Mientras, soplaremos las brasas.
No sabría explicar –tampoco querría– por qué siempre
nos duele. Siempre nos quema.
Hay una belleza radical que no podéis ver, una tristeza
rotunda que no podríais sentir, un códice encriptado
en una lengua que no habláis.
En lo que dejéis en pie, quedará todo lo que
necesitemos.
Desde una revolución muerta os escribo.
Desde una derrota feliz, por lo que ha sido en un
mundo tendente a no ser.
A los pies de la memoria, ahora.
Lejos de ella cuando estéis leyendo esto.

La Fea Burguesía
— EDICIONES —

Este libro, *Desde una revolución muerta*,
se terminó de imprimir en enero de 2026

COLECCIÓN POESÍA

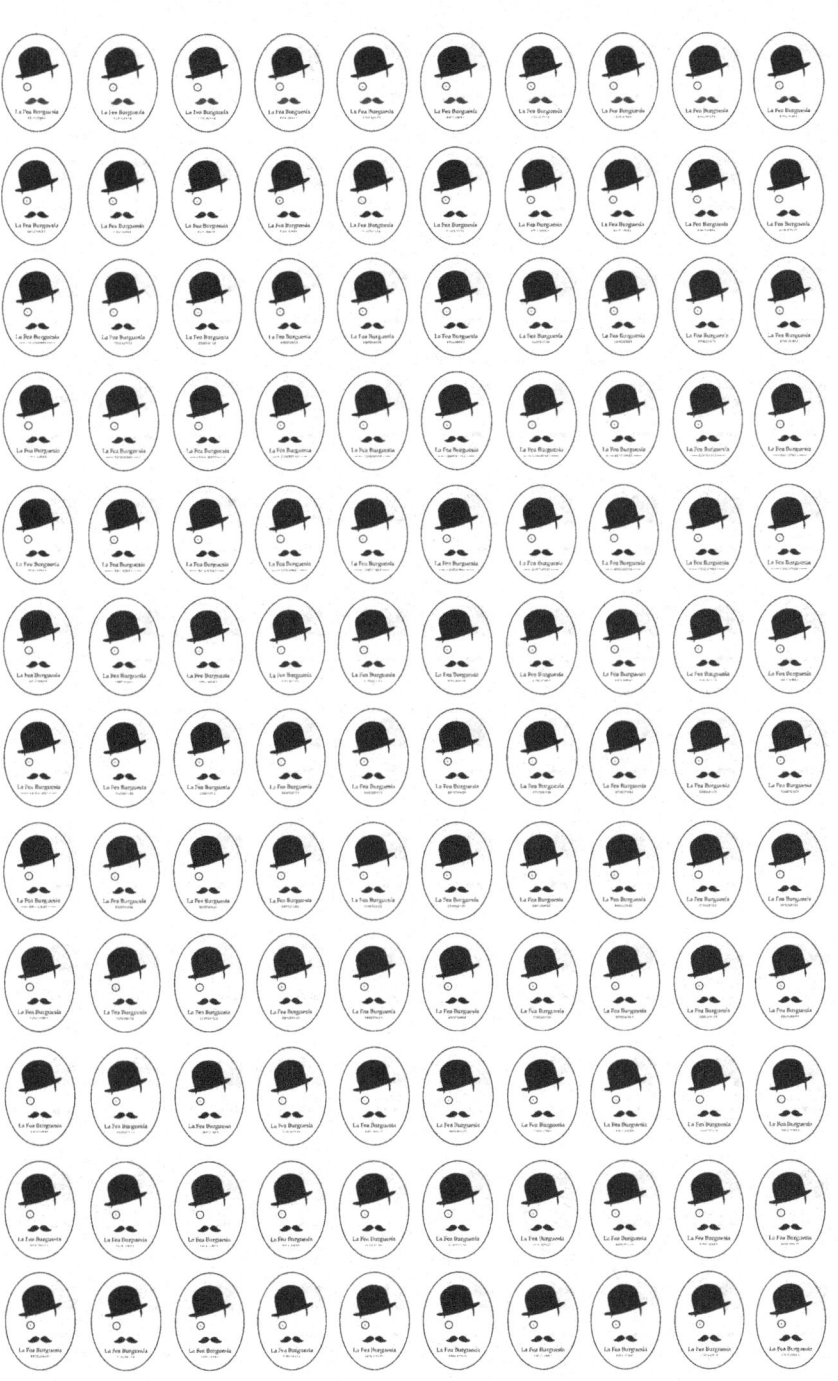

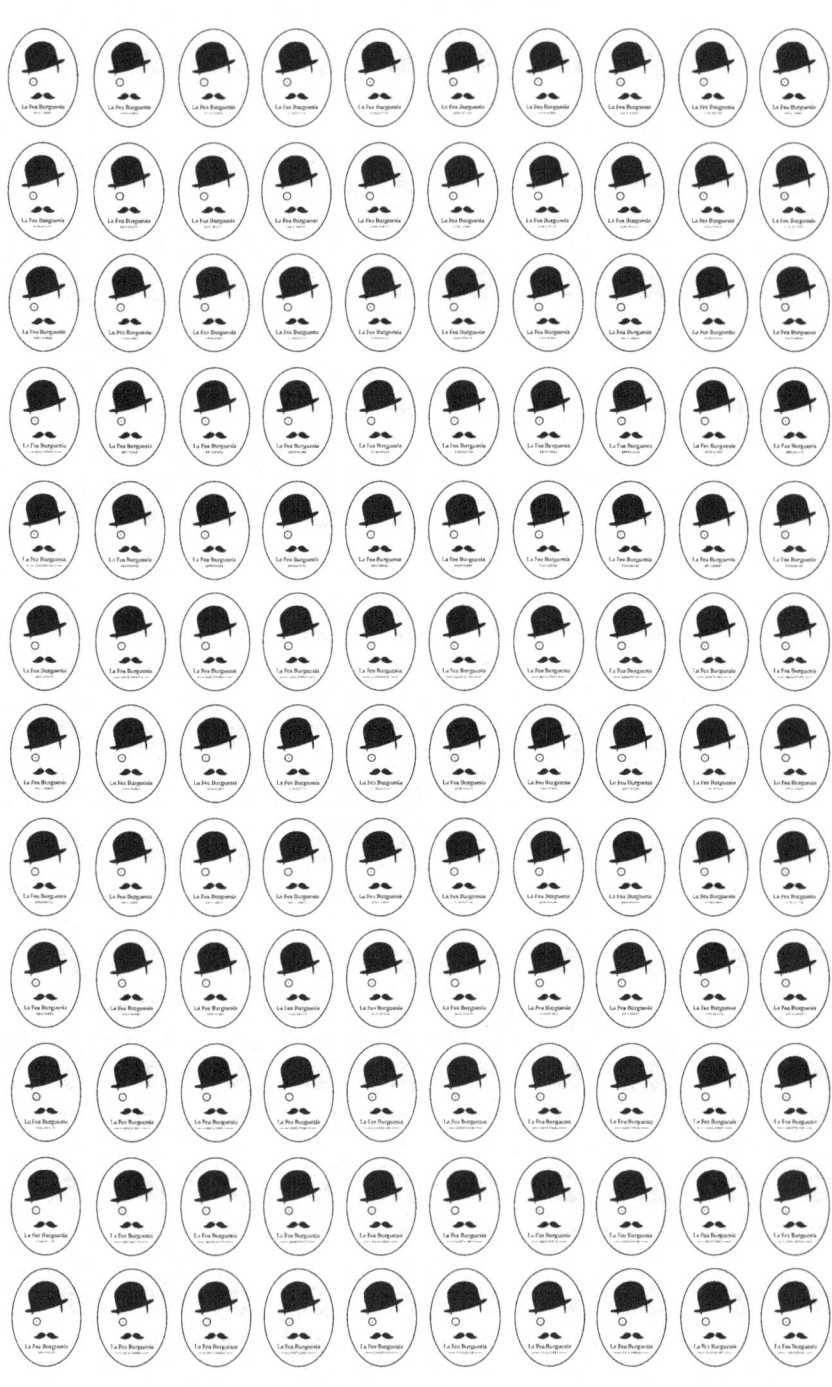